LAURA BALLESTAS

MARGARITA
VISTE DE
TEQUILA
AZUL

[COLECCIÓN ABEL AVILA]

MARGARITA VISTE DE TEQUILA AZUL
© SantaBárbara Editores, 2020
© Laura Luz Ballestas Gil, 2020
Colección Abel Ávila

Laura Luz Ballestas Gil
e-mail: laura.ballestas@hotmail.com
Alfonso Avila, editor literario
Alejandra Herrera, coordinador editorial
Camilo Avila Bustos, maquetación

Ronny Candanoza, Fotografía de portada.
Carlos Buelvas
Ronny Candanoza, Fotografías internas.

SantaBárbara Editores E.U.
Carrera 65 No.84/25, Oficina
Carrera 18 No.45C/58, Taller
Móviles (035) (57+) 3107226137 - 3002624557
E-mail: santabarbaraediciones@gmail.com
www.santabarbaraeditores.com
Barranquilla, Atlántico, Colombia

Prólogo

'Margarita viste de tequila azul', un libro que nos acerca a un erotismo despiadado

Joce G. Daniels García

Desde el primero hasta el último poema del libro **Margarita viste de Tequila Azul** de la autoría de la joven escritora barranquillera, se siente el calor, la fragancia, el deseo y la ansiedad juvenil de quien quiere nadar y sumergirse en las turbias aguas del erotismo que mana y ruge en sus pensamientos. Un erotismo que en muchos de los poemas surge despiadado.

La obra dividida en cuatro épocas, marcadas por la ansiedad que ha vivido la autora, partiendo de "Salvaje y Voraz" (2011), "Promiscua de Son" (2013), "Ojos Aguaceros" (2015) y "Desazón" (2015 2018), muestran el trabajo de la escritora de ir ascendiendo poco a poco en la concepción de la versificación y en especial del erotismo en que sumerge cada verso.

Por la concepción de algunos de sus poemas que giran en torno a la desnudez, al efusivo beso vaginal, al absorto orgasmo, y a otras formas de erotismo. Pienso que los poemas transcurren en el pensamiento, en la mente de la poeta, que expresa *"Me aterro de mi misma// a los 21, amargada y triste, vieja y sola"*.

"Margarita viste de Tequila Azul", es el nombre epónimo del poema, en que:

> *Margarita viste de tequila azul,*
> *con un leve mordisco*
> *se le puede saborear el amor,*
> *y sabe a veneno, a dolor;*
> *es exquisita, dañina*
> *repetitiva, mórbida.*

Un rápido análisis de sus versos, la mayoría libres, nos muestran diversas concepciones de la versificación española. Es posible que la autora los haya concebido inconscientemente. Por ejemplo, *La Silva*, que es una serie ilimitada de estrofas, donde se combinan versos de siete y once sílabas, a veces con rima consonantes o versos libres. En *"Margarita viste de tequila azul"*, la autora recrea mediante el recurso de la descripción, todo lo que puede hacer Margarita, que es exquisita, mórbida y su amor sabe a veneno, es en cierto sentido, osada, apasionada, insaciable, masoquista:

Como fuerza centrípeta
agarró mis labios con los suyos,
con ternura quedé sumida ante
el placer de un gesto puro,
tan lleno de afecto y sinceridad,
reverencia en señal de respeto y unidad;
comparable tan solo
con la faz de un ósculo santo.

Agarró mis labios con los suyos,
me deshice,
siendo humedad se deslizó
en suculenta seducción,
me desprendí en perfume tenue
al sorbo de mi cuerpo
ascendiéndome a cielos que queman
y a bocas que cantan orgasmos
Agarró mis labios con los suyos
no dejándome caer,
en una caricia firme a la vez que delicada
devoró en un cortejo el tejido blando
de mi corazón,
sin poder ver un rostro frente a mi rostro
liberé un respiro a profundidad
de una ilusión.
Hondo gesto
comparable tan sólo
con la faz de un ósculo santo .
(ÓSCULO SANTO)

El *Madrigal*, podría ser otra forma escondida
de sus poemas, hecho adrede o inconsciente-
mente. En el *Madrigal* el tema es de carácter
amoroso o idílico. La siguiente estrofa podría
encarnar el *Madrigal*, que termina con un
verso que se mueve entre los linderos de lo
erótico y lo sicalíptico:

Me desvanecía de tristeza,
y tú feliz, sonriendo...
Sobre mi cama puedo verme distorsionada,
acostada en un espejo agrietado
letras soy de un soneto lujurioso
que se desdobla
y respirar puede oírse.

Llegas ocre,
tallando con el cincel
la felicidad fija al rostro
de una mujercilla,
y te adentras en las entrañas de mi falda,
debajo de mi cordura.
(L'APOLLONIDE
La casa del placer)

Utiliza estrofa de dos y tres versos en algu-
nos poemas. Una estrofa es el conjunto de
versos y pueden ser de arte mayor, cuando
tiene nueve o más de nueve sílabas fonéticas,
o de arte menor cuando tiene nueve o menos.

Los siguientes versos del poema *"Ven Ale-gría"*, son pareados de Arte Menor:

*Soy pestañina
de ojos floridos en la fiesta.*

*Feliz Aurora
que hasta el amanecer baila.*

*Alma de loca
embriagada en mujer graciosa.*

He aquí Pareados de Arte mayor con rima consonante, que son síntomas y demuestran que la autora conoce la versificación espa-ñola:

*Luz parecida al amor
nos deja frente al temor.*

*Su tibio corazón abro
a mi beso de cruel rubro.*

*Divisamos la rotura,
coraza de pasta dura.
Podemos ver su desnudes
de porcelana nitidez.*

*Y despejadas las heridas,
muertas por las cosas idas.*

Creo que, así como en el siglo XVIII se produjo en España y en otras regiones de Europa una ola de magnitudes sorprendentes sobre la poesía erótica, también nuestra época la está viviendo y lo que mejor, el erotismo y la pornografía en la literatura se están haciendo comunes.

Desde un punto de vista estético pienso que la obra de Laura Ballestas, está ampliamente sumergida en la estética del erotismo, un erotismo de acuerdo con la época, un erotismo que está pegado a los versos de cada poema. Y es un libro en donde el lenguaje depurado y tradicional, demuestra el trabajo de la poeta de hacer las cosas bien. De no dejar cabos sueltos en su obra.

Es un libro muy bien armado, sus poemas están cosidos con la fuerza del tiempo, sus versos son nítidos y donde la semiótica encierra una carga de placer, de erotismo. A mi juicio, considero que la obra que nos acerca a un erotismo despiadado por no encontrar otro término, se puede calificar de EXCELENTE.

A eros

«Erotismo y poesía: el primero
es una metáfora de la sexualidad,
la segunda una erotización del lenguaje»
Octavio Paz

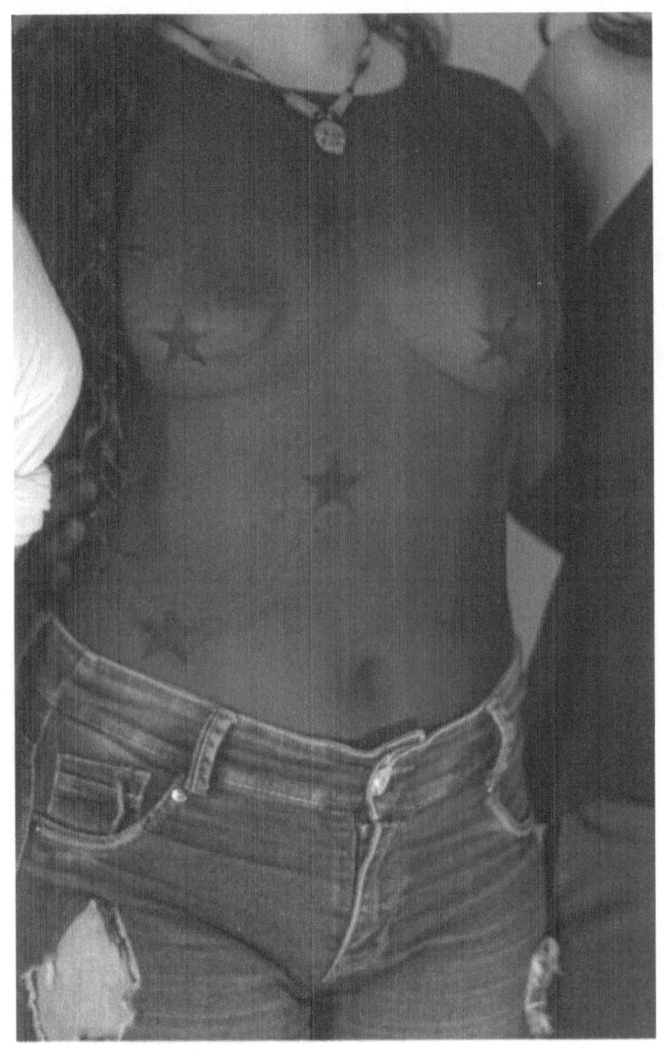

DESAZÓN
(2018-1 - 2015-2)

AURORA

Aurora
insondable,
reverberando en cada pobre motel.
Silencio vuelto gemido
recién nacidos senos
pequeña imperante.

Aurora
insondable,
reverberando en cada brillante piel.
Nebuloso cabello
ojos despiertos
culo exigente.

RUBOR

Al unísono
circunspecto del culmen,
como si eyaculase sangre
ruborizamos,
una sombra crepuscular
invade las injurias mejillas,
las enhiestas pesadillas.

La excitación es un poema,
un poema acuoso
erguido, hinchado;
es de piel bermeja,
bohemia,
hendida,
de estancias caldeadas
de bordes encueros
y de cristalinas aureolas.

VINO ESTUOSO

Cayendo siempre
del mismo abismo me encuentro,
me estoy ahogando con la vida
y lo único que se ve
son sueños que producen tristezas
y leve excitación.

Mi sonrisa desmantelada
añora que en labios hiel borgoña se vierta,
ese vino estuoso de tu voz
que devuelve las ganas de enfrentarse
a la existencia.

Todo deviene cuando mi sangre hierve,
¡oh vino caliente!
Crisol de mis apetencias
contienes las feromonas del genio,
la beatitud de la compañía,
la holgura de la soledad.

Silencio que gime
lo bello y lo siniestro del placer,
la nostalgia del asco y del beso,
la saliva y el verso.

Amado odre
no me dejes caer

al cuarto desolado, al sexo desacierto;
¡oh, Guillaume Apollinare
me sostendré de tu verga,
no desfallezcas!

DESAZÓN

El sol era claro y diáfano: un vinito blanco. Su luz rosaba apenas los cuerpos, dándoles sombras, no relieve; los rostros y las manos eran mancas de oro pálido. Esos hombres de sobretodo parecían flotar dulcemente a unas pulgadas del suelo.

Jean Paul Sartre, La Náusea.

Una zozobra me golpea el corazón
cuando eyacula.
He amanecido desconcertada
en lugar alguno;
este día tiene lo lindo de la añoranza,
el pesar del errático,
el malestar abominable de la resaca.

Es media tarde,
el sol es un vinito blanco deseo tomarlo,
quiero ahogar mi garganta con su vino
pudrir mi hígado con el alcohol.

El sol está ardiendo,
su luz irrumpe mi vientre
se incrusta como espiga al viento.

El sol zarandea mi pelvis
entregado y delicado,
indiferente y basto.
Tengo un rico sabor en mi cadera
símil a una cortina

cuando se funde con la brisa.
Hombre mayor
ser de mala muerte,
se sumerge con fuerza,
calcina dentro,
siento drenar su arteria dorsal;
jadea, se agita,
¡dicha nauseabunda!
cierro los ojos,
vomita vida.

Y al final del hastío
la culpa transciende mi abismo,
al borde del vacío...
Una zozobra me golpea el corazón
cuando eyacula.
He amanecido desconcertada
en lugar alguno;
con la ropa desecha
una gota de sudor carga
mi angustiada vergüenza.

Me besa, halla en mis labios pesadumbre,
la desazón de la alegría,
la felicidad fallida.

POLIMORFA MUERTE
"La petite mort"

Se pudre dulcemente bajo la falda,
con una sonrisa melancólica,
semejante al olor a violetas que exhala
a veces los cuerpos en descomposición
Jean Paul Sartre, La Náusea.

Se acerca la noche, el día se sombría;
las preguntas se acentúan,
las respuestas nublan;
la vida se oculta, la muerta aparece.
Polimorfa,
polimorfa muerte
combinación de lo traste y lo sensual:
viril
de punzante espíritu y materia febril,
fémina
de senos perfectos y boca libre.

El abatimiento arrulla mientras destruye
¡oh afrodisiaca depresión!

Cuando me ataca la melancolía
me aburro de mis ojos,
de mi rostro, de mirarme;
la muerte se desviste sin pudor,
le temo a la vez que le deseo
¡Me dejo llevar!

con vigor y lozanía
procede a besar mi agonía,
el aliento seco de lo fatal rodea mi cuello,
me funde en hórridos estertores
que vuelven el aire frío y fétido...
Me mata
un profundo espanto llega
hasta mis encantos,
una excitación sepulcral
enardece mis ánimos.
Delicadas manos me tocan bajo un manto
obsceno que me hacen el amor
poseyéndome en susurros,
elevándome en orgasmos.

Me aterro de mi misma,
a los 21, amargada y triste, vieja y sola;
la muerte seduce
le temo a la vez que le deseo,
¡Voy a ella!
con vigor y lozanía procedo
a besar su agonía,
me atrae su oscura romántica
intangibilidad,
con la soga al cuello
veo el dolor que padece,
de lejos gusta su hermosa fealdad...
Me suicidio
como alma que penetra un cuerpo
me entran ganas de montar al misterio;

sentarme en un abrazo de caderas,
succionar su enorme miembro.
Un demonio yo que me hago el amor
tragándome por mi sexo,
masturbándome por momentos.

L'APOLLONIDE
La casa del placer

Me desvanecía de tristeza,
y tú feliz, sonriendo...
Sobre mi cama puedo verme distorsionada,
acostada en un espejo agrietado
letras soy de un soneto lujurioso
que se desdobla
y respirar puede oírse.

Llegas ocre,
tallando con el cincel
la felicidad fija al rostro
de una mujercilla,
y te adentras en las entrañas de mi falda,
debajo de mi cordura.

Airada creciente de ti
me deja un aburrimiento
una melancolía, un desasosiego
un desamparo,
unas ganas de llorar.

Me desvanecía de tristeza
y tú feliz...
sonriendo empujas hacia delante
el cuerpo de tu sexo
y te mueves lento,

con fuerza;
río que te desbordas
me inundas, me ahogas.

Entre dos piernas bordadas de humedad
escupes óleo
del abismo existencial
de Dino Valls,
y mis oníricas lagrimales
logras henchir
de abundante máscaras seminales.

Lloro espermas, espermas lloro,
derramo lágrimas blancas
viscosas,
que brotan del silencio de mis ojos,
de mis ojos satén
cargados de hiel.

MARGARITA VISTE DE TEQUILA AZUL

Está quien dijo
que la dosis hace al veneno…
que nada lo es
y que todo puede serlo.

Margarita viste de tequila azul,
con un leve mordisco
se le puede saborear el amor,
y sabe a veneno,
a dolor;
es exquisita, dañina
repetitiva, mórbida.

¿Desde cuándo se convirtió
en mi razón de muerte,
si lo creí vida?
Alcohol para mi sed
en su trago el placer;
¿Dónde quedan las palabras,
las cosas pasadas?
Hoy entraño silencio, memoria,
soledad, misterio.

Margarita viste de tequila azul
tiene miedo al amor
es seductora,
es de boca seca,
de labios salados;

usa la solides de tu sexo,
los recovecos de tu sonrisa,
usa loción olvido.

Es una elegante flor
que se impregna,
embriaga.
se adentra.
Paseo por su desnudez,
le cabalgo cerca de su ombligo
sobre falos fornidos.

Margarita viste de tequila azul,
está siempre descubierta,
líquida,
su calor aprieta mi inocencia
me quiere en medio y
desinhibida.

Le bebo
y se le puede saborear el veneno,
sabe al amor,
a tu amor
que es veneno y gloria
dañino y veneno
veneno y eterno.

SENOS LENTEJUELAS

A través de su boca poniente
— médium del espíritu erótico —
sensibiliza muros,
al intenso calor
del más abrazador
de los preámbulos,
entre la eufonía del aliento
y el beso
lame mis senos;
lame mis senos tardes enteras
sabiendo del dolor
la lucha
el cáncer
el amor.
Me enaltece
la sensata atención que les pone,
el sincero interés,
el aprecio,
su gusto
su placer.

Mientras
acaricio al mundo,
jadeo una plegaria
y reflexiono:
la mártir
la de senos lentejuelas,
la ama de casa, la madre

la profesional, la artista
la señora, la joven
la virgen, la puta;
senos almibarados
pequeños y tiernos
como los míos;
senos opíparos,
grandes, protuberantes
como los de ella;
senos medianos, moderados
magnéticos
como los tuyos.

ÓSCULO SANTO

Como fuerza centrípeta
agarró mis labios con los suyos,
con ternura quedé sumida ante
el placer de un gesto puro,
tan lleno de afecto
y sinceridad,
reverencia en señal de respeto
y unidad;
comparable tan solo
con la faz de un ósculo santo.

Agarró mis labios con los suyos,
me deshice,
siendo humedad se deslizó
en suculenta seducción,
me desprendí en perfume
tenue al sorbo de mi cuerpo
ascendiéndome a cielos
que queman y a bocas
que cantan orgasmos.

Agarró mis labios con los suyos
no dejándome caer,
en una caricia firme
a la vez que delicada
devoró en un cortejo
el tejido blando
de mi corazón,

sin poder ver un rostro frente a mi rostro
liberé un respiro a profundidad
de una ilusión.

Hondo gesto
comparable tan sólo
con la faz de un ósculo santo.

OJOS AGUACEROS
(2015-1 Ejercicios de métrica)

POEMA PARA UNA CANCIÓN QUE NACE

Alterna mar Caribe con África,
Habib Koité con Petrona Martínez
y la poesía con la música.
Tu composición es sal y sensatez,
deleite de champiñones es tu voz,
en ti la guitarra entraña embriaguez.

Sentimientos ancestrales en tu voz
traen piel identidad a tu canto,
y desde los instintos, en sensual voz,
traes lamento negro, feliz llanto.
Quiero más que al cantor al hombre:
sin don, sin inquisitivos encantos.

Si beso tus miedos no te asombres,
acompañarte y aportar mi luz
en los momentos tristes y alegres
es lo que quiero al verte trasluz.
Eres mi prisma en éste pareado
por tu humanismo acariciado.

OJOS AGUACEROS

Me ahogo en un frasco pequeño,
he soñado tantas veces que muero
que el día que muera creeré que sueño;
he soñado tantas veces que muero
que el día que esté muriendo soñaré que
vivo,
es un misterio de ojos aguaceros.

El vacío su principal atractivo,
duele, enamora y me excita
sentirme en su influjo cohesivo.
Aún duermo, mirando atónita
reflexiono en plena pesadilla,
cuando inmóvil mi conciencia grita.

Alérgica a besos en mejillas,
a la vida y a las despedidas
de un despertar frío entre sombrillas
mojadas, y carnalmente vestidas.
Cristal fuerte, sin que luz rompiere,
ni de cada imagen huir pudiere.

QUE UN POEMA TEJA

Habité en medio de la travesura
lunares en sí que aún no descubría,
munditos existiendo con desmesura
que hacían de la belleza una alegoría.
Papel soy, para que su piel dispareja
siempre un poema teja
detrás de mí oreja.

GIMES RÍOS

La manera como raudo respiras
trastoca mis sentidas palpitaciones,
la manera como raudo respiras
intensifica mis mojadas emociones.

Al apreciar el paisaje, ceño fruncido
del gesto formidable de tus gemidos,
desembocas en mi boca el beso nacido
de la cascada misma de esos quejidos.

SOR ALBA LIRA
25 azules

Supe que había Sor...
madurado mentalmente, el día
que lloré por tu dolor;
mi orgullo cedía
al miedo que tu seno desprendía.

Naces llanto, y sería
el inicio de la búsqueda fuerte
para que tu ser ría;
diciembre quiso serte
canto azul, sin pesar que diserte.

Tu cielo blanco, Lira
está bañado de lujuriosa luz,
Polimnia, ave lira;
tu virginidad parteluz
es entre el bien y el mal a trasluz.

Amanecer musical
sexo libertino, Sor Alba Lira,
eres flor vertical
cuando llena de ira
anhelo de amor en ti delira.

MANZANA

voy curiosa y tímida,
la manzana me seduce,
cerca me sensibiliza;
me posee, a sexo huele.

La gloría paladeo en un
beso de lenguas lascivas,
le respiro y saboreo
ella manzana comida.

Para exteriorizarla
y ver mi aura formarse,
fue menester conocerla,
explorarla, masturbarme.

Desde ahora se posa
entre mis piernas cuerdas,
roja, para degustarse
debajo de telas absueltas.

VEHEMENCIA

Las ansias no pude calmar,
la necesidad de clamar
por vez primera asumí.
No sabía qué sentía,
ni qué me ocurría,
algo noble pasó en mí.

Al momento de frotarme
humedecí sin tocarme;
impura, junté mis piernas,
aumentó el cosquilleo,
piel, virgen en centelleo,
lúbrica, crucé mis piernas.

La suavidad de mi cuerpo
abrió sentidos a tiempo;
un vehemente calor me
poseía; mis entrañas
se colmaba de arañas
que quemaban al rozarme.

Intensa serpenteaba
hasta que orgasmeaba;
apreté con desenfreno
el centro de mi esencia,
y gemía con violencia
llegar al punto sereno.

Ángel, infierno, aroma,
paisaje de mar y loma.
Fui inquieta, mujer, fuego,
placer, voz inmaculada,
cintura, luz alocada;
fui Laura, sudor y ego.

DESDE LAS ENTRAÑAS
DE UNA HABITACIÓN

Desde las entrañas de una habitación estoy
/siempre ardiendo;
siempre ardiendo por cada poro desnudo de
/mi piel;
de mi piel los vellos llegan a erizarse
/de manera fiel;
fiel preludio a la tormenta fémina que
/emano del sexo muriendo.

Detrás del marco, enroscada existo en su
/cintura al húmedo vínculo;
al húmedo vínculo susurro amapolas a su
/oído y lo desplomo;
lo desplomo todo sudor, primaveras
/torrentes, todo caudal ignívomo;
ignívomo, como un volcán, en el extremo
/calor de mi culo.

DESTIEMPO

Estados de penurias
mostraron que viví una centuria.

Luz que yacía desnuda,
corriendo siniestra y desconfiada.

Yo abracé con saña
la soledad que siempre me acompaña.

Una sensual melancolía
vio invadir mi amor por la poesía.

Explorado destiempo
de tus manos que tocarán mi cuerpo.

Perfumada ilustre
de tu semen no regado en mi vientre.

VEN ALEGRÍA

Soy pestañina
de ojos floridos en la fiesta.

Feliz Aurora
que hasta el amanecer baila.

Alma de loca
embriagada en mujer graciosa.

Tango alegre
aquel de Roberto Goyeneche.

Inquebrantable,
yo, siendo débil fuera tan fuerte.

Vente conmigo
a los parajes hondos del vino.

Sal, sumérgete
en mi cuerpo de gris placer.

Alegría ven, a
donde el llanto muera de risa.

¡ALELUYA!

Luz parecida al amor
nos deja frente al temor.

Su tibio corazón abro
a mi beso de cruel rubro.

Divisamos la rotura,
coraza de pasta dura.

Podemos ver su desnudes
de porcelana nitidez.

Y despejadas las heridas,
muertas por las cosas idas.

Que Leonard Cohen concluya
cantándonos Aleluya.

SI ACANTILADO SOY

Con inmensa ternura amo el mar,
mi cuerpo arena envuelvo en sus mareas,
me desnuda cuando soy Aurora al alborear,
y si acantilado soy
sus aguas empujan logrando
mi vientre abrumar.

Es piel trigueña, y mis senos cubre en olas
de placeres,
su costa lame a espumas mi corazón
en tumulto,
y besa mi locura donde miradas sepulto.
Allá cerca del mar me voy a ahogar
entre azules lunas de anocheceres.

PROMISCUA DE SON
(2013)

Margarita viste de tequila azul | 44

Laura Ballestas | 45

EN MI DESANIMO

A Celina, a Soto Aparicio, a mí

Sonrío con tristeza
respirando nostalgia
imaginándome envuelta entre mortajas
en el ataúd desnuda y muerta
y en la sien un disparo
la flor de mis malezas.

MELANCOLÍA

Suave beso depresivo
de algún sentimiento sin sentido.
En mis neuronas un poco
del licor de la nostalgia;
porque embriagada estoy del vino de la
nada.

Penumbra de la felicidad no hallada,
de la ausencia gris de un par de tetas
asomadas.
Misterio de ojos fijos
al rostro fúnebre del dolor.
Abatido aroma de mi encanto sutil
a un recuerdo devastador.

Melancolía en mis venas
que invade el invierno de mis penas.
Tristeza que acaricia
y golpea mi feliz sonrisa
cayendo mi llanto desnudo entre oleajes del
bañista.

Blanca muerte oscura
alumbra la fatal inexistencia de la vida,
baila entre sombras,
besa mis piernas,
levanta el placer debajo de mí.

DESPUÉS DE VERLO

Ahora mi colonia
huele a su camisa,
mi blusa a su cuerpo,
mi cuerpo a su sexo.

NADIE COMO TÚ

Nadie me hace gemir
tan fuerte como tú,
El resto del mundo
no se siente después de ti.

SIRENAS CANORAS
Hijas del mar

Conducidos
hacia una puerta infinita,
embargados de éxtasis
a la intensa figura
encaminaban sus vestiduras
los marineros,
paradójicamente atrapados
en redes canoras,
sin poder fijarse en nada más...
que del paisaje hermoso
de un torso desnudo,
que de un pezón elevado hacia el mundo.

¡Erección del mar, sublime beldad!

Conducidos
hacia perennes umbrales de cielos,
embelesados de encanto,
a voces profundas y melodiosas
los marineros,
metafóricamente atrapados
en mujeres canoras,
sin poder escuchar más allá...
que, del canto ubicuo de sus gemidos,
que del llanto en aguas sumidos.

¡Eréctil ola, senos de sal!

Conducidos
hacia bellezas perfectas,
cautivados de besos,
a largos cabellos envueltos
del soleado coqueteo
los marineros,
ansiosamente atrapados en sirenas canoras,
sin poder sentir más allá...
que unas escamas empapadas de mar,
que unas bocas enormes,
e incoherente final.

MULIER LILIUM CANDIDUM

La tarde naranja
besaba con desquicio
mi depresivo indicio,
turbada por el aburrimiento
del transcurrir del tiempo,
con el deseo constante de huir,
escapar y hasta de morir.

¡Jamás se fue de mí!

Como aquel beso en la frente
que desnudó mi mente
siendo el menos puro,
y el más sensual e imperceptible.
Observé su espíritu enamorándome de sí.
Su triste mirar no me pudo decir nada,
cautivándome aquel suave andar
que ahogó un sucio
y sembró curiosidad.

Tomé la copa en el ayer,
del licor pérfido del amor,
siendo yo blanca azucena
envuelta en candor
con mi sexo en barbecho esplendor.

¡Jamás se fue de mí!

Ciénaga negra de melancolía,
recuerdo del recuerdo
antes de vivir en la agonía.
Lóbrego vacío en la memoria
de aquella noche miedosa,
de abiertas piernas
al mundo resplandeciente
de secreciones gloriosas.
Cubierta del barniz
del aroma que arrebata hormonas,
de profundas oleadas cálidas de la savia
descubriendo que más que sumisa y alie-
nada,
lujuria de mujer apasionada,
emergida en las aguas saladas
de mi boquita (des)- floreada
al himen desgarrado
en la fustigación inmersa de la atracción.

Renaciente lirio blanco
que se metamorfosea
y se vuelve bermeja en el ardor.
Flor de San Antonio
empañada en sangre divina,
estigmatizada de afear el alma
en vida.

ERÓTICA

¿Cómo escribirle
al amor?
Solo sé escribirle
al sexo.

ENTRE NUBES

Contemplé el fruncir de su ceño,
contemplé su barbilla estilizada
hacia los cielos,
y contemplé su expresión abierta
a los sucesos.
Me quedé viendo sus jadeos
plegados al placer de la utopía
que alcanzaba,
me quedé viendo su orgasmo
que él con su boca arrancaba,
y me quedé viendo la entrega
de su antojo a la fantasía que me dominaba.

Jadeando yo también junto a ella
palpitante y temblorosa,
aromatizada por cada poro desnudo de él
que resonaba aun
cuando vendado de la esencia de ella,
de su demasía cercana presencia.

Muriendo yo de celos y de excitación
me preguntaba,
¿Qué hacía él del otro lado?
¿Por qué la acariciaba exactamente así
como un día me dijo nunca tocaría a otra
mujer?
Pero le hacía sentir como a mí,
notándose el ardor en que ella gemía lento

y con sutileza;
que como jubilo a Dios
al nuevo sol sonada,
que como música soul
al bajito son se escuchaba.
♫ <<¡Oooh Happy Day! >>♫

Mientras caía él de pene yerto
hacia agónico deseo,
al tiempo de su ebriedad,
vi su rostro atormentado,
vi su sentimiento de culpa y arrepenti-
miento,
entonces me miró
y no advertí su miedo;
solo pude fijarme de sus labios virilizados
untuosos del efusivo beso vaginal,
reflejo de mis labios ya no secos
vueltos pulpa de jugosa y carnosa
ambrosía sexual,
manjar de exquisito frenesí
que nos envolvía
arrollados todos en circulación
de su cabeza al clítoris
que abría paso con cada tierna y
salival caricia.

Solo pude fijarme de ella tan tibia, tendida
y de cabello negrísimo,
en momentos previos provocada yo

a recorrer mi lengua en sus senos;
senos tan delicados que nadie
debió tocarlos.
Solo él, como símbolo fálico, se posaba
y danzaba en una vida que no era la mía.

De ella su amistad,
de él su amor enfermo
que, entre nubes, - aislados
en nuestra nítida desnudez -, su reclamo,
por regalarme néctar a la vista;
todavía necesitaba de mi aprobación
para sentirse correcto,
libre de sosiegos,
y de bosquejar llagas en su y en mi cuerpo.
Pero tan solo se vaciaba de mí
la satisfacción de estar amando
y de ser amada
cuando me complacían en sollozos ajenos.

JOYA DE ÁMBAR

...

Hay perfumes tan frescos como un cuerpo de niño.
Dulce como el oboe, verdes como praderas.
- Hay otros corrompidos, triunfantes, saturados;
con perfiles inciertos de cosas inasibles
como el almizcle, el ámbar, el incienso, el benjuí
que cantan los trasportes del alma y los sentidos.
Charles Baudelaire, "Correspondencias",
Las flores del mal.

Aroma viril de tu existir
que como el olor que inflama
la lluvia persistía,
y advertía fijas miradas garzas
que banalmente me observaban,
provenientes de unos ojos oscuros
parecidos al misterio que guarda el silencio,
nacientes de una inasible
presencia andrógina
similar al misterio que guarda el incienso.
Incité a seguir siendo espiada por aquellos
fanales halagüeños
que maliciosamente me absortaban.

Cuando yo de labios secos,
apresados en un indeseo
fui atraída por la ilusión azul de unos
pétalos muertos,
que análogos al profundo mar...
sin palabras me sedujeron,

me absorbieron a padecer frente a ellos,
frente a él,
junto a ti,
de preponderante figura
con la belleza sensible y femenina,
de fuertes rasgos con el atractivo
feroz y masculino;

Y ya en la cercanía distante
de nuestros pesares,
al instinto de comernos con la vista
me alojo al vestigio de mis masturbaciones
y de las tuyas,
al sentirte como agua marítima
de sol vespertino:
tibio,
impalpable pero reinante,
inmaterial pero sólido.

Llovemos,
originarios ambos de la tierra que nos parió
y se moja del inteligible sudor.

Yo, vuelta pimpollo de pelvis vellosa,
rosa por abrir a punto de florecer
de la humedad de mi cintura
que exhala el fragante benjuí de mi locura.

Tú, vuelto angiosperma
de aquella planta con flor,

líquido quebradizo
entregado al estremecimiento
que desborda el ámbar del sexo,
desprendiendo el aroma
de la preciada joya en juego.

¡Oh aroma viril de tu existir!

TRÉMULA LIBACIONES

Al vibrar de mi voz
desde lo más profundo de mi garganta,
al ardoroso baile de mis fachas
animadas de danzas
y danzas que a demonios espantan.
Sumisa y resignada, ante ti, hacia ti,
a imagen de reclinatorio
ante la presencia reflexiva
de los ojos jubilosos del de arriba,
dejando ver al jocoso llanto
descubiertas mis malicias
en lujuriosa diatriba.

¡Ceremonia celestial a consagrar
mi boca bestial!

Encendido tú, aun cuando humedecido
como al porro fumarte,
en mística energía espiritual
como al polvo aspirarte,
quedando en desplegada
fascinación bajo tu sonrisa
y de rodillas,
al que el seductor momento
me es movida a entregarte
mis diáfanas mejillas.

¡A la sombra de tu vena engrosar,
de tu cuerpo reventar!

Curiosidad de mi lengua
que busca exploración; más abajo,
más ahí, delicado meneo, gozoso festín.
Pene soberbio que se estremece y tiemblas;
más abajo, al fin, al tacto perineo,
dichoso confín.

Y al clamor de la belleza escéptica
del glande untuoso,
de la tibia agitación y durísima inclinación:
de tu boquita una emisora cristalina y ben-
dita
tras trémulas libaciones por mi lamer,
última gota tras oleadas espesísimas,
cubierta yo de ellas
bañada en espumas de sal,
espermas de mar.

PROMISCUA DE SON

Y me abrí de piernas,
una melodía triste me cautivó,
me exhortó a un baile lento,
sensual melancólico.

La presencia viril de las notas me trascen-
dió
y se incrustaron como semilla en mi vientre
dejándome preñada de música, de son.

Se inició un bailoteo en mis entrañas
cuando la música desvirgó mis oídos,
cuando la música desgarró el silencio,
cuando el chillido silencio se ahogó tras
tiempos.

Apuré mi copa
seducida,
promiscua,
bailando sola,
bailando con la música,
y embriagando mis hormonas.

Mi cuerpo undívago despertó enardecido
por el sonido,
atrapada quedé en una orgía de ritmos
en un festín de penes enloquecidos;
se escuchaban al viento
y las ondas alcanzaron mis deseos.

El culminar de la música se acerca,
ya los penes a punto de estallar
se encontraban;
en movimientos seguían
afectándome en diversas formas
lenguas, letras, razas, géneros, estilos, vo-
ces e instrumentos:

Como música clásica, culta al ancho sollozar
de los violines,
ancestral como vallenatos,
festivo como porros,
folclórica como cumbia,
caribeña y popular;
arrebatada de salsa,
conociendo al Río de la Plata
y a Buenos Aires al compás de un tango,
María Tepozteca, Chávela Vargas,
alma ranchera,
al viejo bolero,
bailando al son cubano, alegre y nostálgico,
llorando al blues de espíritu triste,
definiendo lo complejo y sensitivo
fenómeno del jazz,
gozando al soul glorioso y jubiloso,
atraída por la guitarra andrógina,
de eléctrico sabor al demente rock,
y beoda al metal oscuro,
agresivo,de heavy letras.
Y en la última nota,

en la última descarga
la música se sumergió por mis manos,
ojos, rostro, boca,
pezones, sexo, espalda,
dentro muy adentro

y como pene erecto escupiendo semen gro-
tesco
quedé cubierta
todo el cuerpo
hasta cada escondite de mis vellos,
bañada en sudor y pudor,
llena de vida, llena de música.

SEXOFÓN I

los acordes del saxofón reverberan
en mi cuerpo,
cada partitura me acaricia
me toca a través de la música,
percibo las fogosas vibraciones que arroja:
inhala
lo veo acercarse a la boquilla,
exhala
sopla con precisión las curvas del tudel.
Un ruiseñor se posa sobre mi pezón,
la melodía recorre mis mulos
el ritmo muerde mi cadera
mis labios se humedecen
lee en mi clítoris sensaciones.
El saxofón coge mis tobillos
le siento, le siento tan adentro que deliro
no hay pausa,
la intensidad aumenta
las paredes se hacen estrechas
se hincha la armonía,
colosal mente se endurece;
y juntos rozamos la cima del infierno.
Quiero llorar.
¡Sofocada emoción
parecida al amor!

SEXOFÓN II
Jazz véspero

Vino café, té... miro a sorbos,
tu lengua es mi preciada lumbre,
y placidos dormimos
sin que a lo lejos tristeza nos vislumbre;
a espaldas de la cuidad,
un diferente abril
cubierto con el velo impúdico
de una balada febril.

¡Escucha!
son las quebradizas del jazz,
las universalmente descritas y sentidas.
¡Escucha!
la música de fondo compagina
con nuestros quejidos:
Billie Holiday, sensible,
la inalcanzable Ella fitzgerald,
arrastre de emociones, Nina Simone
siempre sin aliento, sofocada y jadeante.

Feromonas de hotel
de risa y llanto, humo y alcohol,
jazz vespertino
y almohadas de alquiler.
La pequeña Barranquilla
se nubla de afroestadunidenses
mi sexo brinca al ritmo

que marca la percusión
sincronizado con la astucia
de Charles Parker y Jhon Coltrone.

¿De qué color se mancha
nuestro deseo lunar?
de azul celeste
luz artificial.
¿De qué color se tiñe
nuestro precipitado amor?
de arreboles
rayos de sol.
Todo acaba,
la emisora presenta:
violines, guitarra, voz
piano, trompeta y saxofón.

SALVAJE Y VORAZ
(2011)

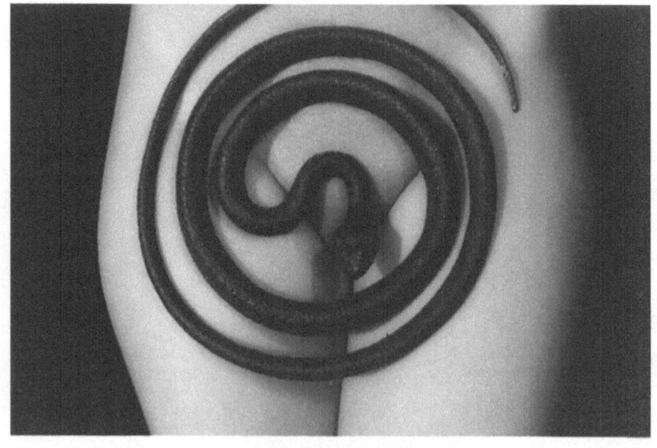

AUTORRETRATO

Mi enfermedad:
La vida.

Mi condena:
El dolor,
el amor.

Mi felicidad:
El sexo,
el amor.

Mi gusto:
La lujuria.

Mi erotismo:
El baile.

Mi desgana:
La melancolía.

Mi desgracia:
Tu adiós.

Mi sombra:
Tú.

Mi alivio:
La muerte.

TENER QUISIERA

En el terreno baldío de mi corazón
tener tu amor quisiera.
Tenerlo allí donde retumban
los ecos fugaces
que solo le es dado escuchar al amante.
Tenerlo allí donde retumban
mis impudorosos pensamientos
recordando tu inmarcesible sexo.

Tener tu corazón quisiera,
para besarlo con mi lengua,
estar dentro del peligro,
y ver en el terror
lo bello del amor.

Tener tu alma quisiera,
para cubrirla con ceras de mieles,
y tenerte allí
donde retumba líricamente
la añoranza de tu presencia.

SUBLIME ROCE DE TI EN MI ESPALDA

¡Orgásmico instante de ti en mí!

Te acercas a mi espalda
en un instante y de la nada,
dilatando mi cuerpo con el tono
de tus versos,
con tus palabras que envenenan
mis entrañas
y retuercen mis ansias.
Tu aliento roció mi cuello,
tu presencia seminal humedeció mi ego,
excitando cada centímetro
de mis pensamientos,
erizando cada dimensión erótica
de mis vellos,
persuadiendo movimientos agonizantes
de mis deseos.

¡Orgásmico roce de ti en mí!

Fetiche de obscenas caricias en mi espalda,
preámbulo a la gloriosa montaña
de atenuante suspiro
de mis bajos instintos;
pélvico cosquilleo sensitivo
en la magia infernal de la divinidad carnal.

¡Orgásmico beso de ti en mí!

Ligera locura de tus besos en mi espalda,
de tu lengua que recorre la zona espinal
de mi andar,
sintiendo todo beso, toda lengua,
en el umbral de mi sexo.
Sombría pérdida de la conciencia
al quedar en un abismo de placeres vacíos,
en un nacer marchito
de absortos goces efímeros,
de absortos gemidos, de absorta quietud,
de absortos orgasmos.

CHAMPAÑA DEL PLACER

Calurosa noche de agosto
¡Muero de sed!

Mi boca seca
desea beber del champán del placer,
de aquel licor a sobrepresión
que solo el deseo puede extender,
y tener hasta el fondo
la uva embriagante de su hiel.

¡Botella en mi boca!…
labios húmedos,
lengua suave,
garganta abierta.

¡La imaginación me eleva!
Sedación perfecta
(Frenesí de lujuria que se apodera
de nuestra conciencia).

Mi boca desea morder con los labios
su más delicada piel,
y al borde de ellos
tener su vida y su renacer;
poseyendo su mundo en mi mano
y su muerte ardiente en mi boca,
viendo su rostro cubierto de deleite
y escuchando su abstraído gemir

al sentir el fuego que quema
el más perverso de sus sueños.

Mi boca desea en el ahora,
al tiempo de la pulsación
de mis borracheras,
celebrando la unión
de nuestros afanes sexuales,
sensuales
que se derrame
en un resplandeciente estallido:
el blanco, espeso y caliente champán
de semen...
cayendo como rocío en todos mis sentidos
y bebiendo a gotas
vino espumoso
del glorioso regocijo.

A TRAVÉS DE LA CARNE

Trabemos nuestras vidas íntimas
a través de la carne,
aunque no fumemos,
aspiremos hondo nuestro cuerpo
y que nos haga efecto;
efecto de droga,
efecto de gloria,
delirio y goce.

Que el humo y la mezcla de olores glaciales
embriague nuestras mentes.

¡Acércate!

Alucíname con tu sudor
y altera mis nervios con tus besos.
Alcancemos juntos ciertas
sensaciones placenteras
con nuestro ingenio,
al punto que necesitemos siempre
de nuestro encuentro.

Trabemos nuestras vidas íntimas
a través de la carne,
bebámonos los miedos,
fumémonos nuestra esencia,
aumentemos la dosis de sexo.
Relajemos nuestras inhibiciones

a las locuras corporales,
arrebatemos pensamientos
bebiendo del zumo natural
de nuestro cuerpo,
perturbémonos con nuestras caricias
el fino vino inmaculado de los deseos.

¡Acércate!

Y acelera mi conciencia
con el cigarro de tu lengua perversa.

DESNUDA DUERMO

Desnuda duermo
tan pura como el cristal,
pero toda llena de curiosidad.

Desnuda duermo
y lujuriosa espero impaciente por tus besos;
besos que se encuentran soldados a mi piel;
piel que eriza mis ganas
y persuade mis deseos.

Desnuda duermo
esperando lamer la miel de tu sexo;
sexo que rítmicamente frotó
un día mis anhelos;
anhelos de sentir en mi oído
como tu respiración es arrancada
del placer palpitante de tu ser;
ser que se riega sin espera
entre mis piernas.

Desnuda duermo
soñando con la sensación de tus manos
en mis senos;
senos erguidos por el cálido ánimo
de mis pensamientos;
pensamientos que humedecen mi cuerpo;
cuerpo ardiendo del éxtasis producido por
tu presencia en mis dedos;

dedos que nadan como un pez
en el mar de mi cuerpo.

Desnuda duermo
llegando a ser una consiente loca
de mis desvelos.

SALVAJE Y VORAZ

Hacia mí te lanzaste
y con desgarro
me besaste,
con esos besos infernales
todos llenos de lujuria
consagrados al pecado.

Con fuerza me tomaste,
con atropellamiento me acariciaste
y con propiedad
con mis deseos arrasaste.
Del licor de mi sexo
gozaste
y con mi cuerpo
te embriagaste.

Y en la plenitud de tu dulce venir
la sentí estremecerse bastamente
en un palpitar sin prisa,
y sentía que todo tu ser en mí
se derretía
que toda tu savia dentro de mí
se esparcía.

Recuerdo siempre que mi carne tembló
bajo la extensión de tu fuego,
y como cera que ardiente se derrite
así corría tu sudor, cayendo entre mieles,

despertando gemidos y destilando apetitos.
Juntos volamos al infinito mundo
efervescente del celestial infierno del amor.
Fue una ignición fugaz
de la pasión desbocada,
agreste y voraz.

INCONGRUENTE DESEO
Místico ensueño narcisista

Descendí del más allá hacia su cuerpo,
exasperada por besar su miedo,
exasperada por beber de la hendidura
de su veneno.

Delicada silueta excitante,
dócil ternura insaciable.
Veo su rostro
Ella… Ella soy yo, yo soy ella…
¿Cómo es posible?
¡No lo sé!
Pero siento como me froto con su ser,
con mi ser;
y siento como gimo mientras me estimulo
con su piel,
con mi piel.

En su cara mis ojos,
esos que muertos se ven;
en mi cara sus ojos,
esos que ausente se ven.

Me asusto, me asusto y me regocijo;
sintiendo alrededor nuestro
una pesada energía sombría de las caricias,
entonces resisto,
persisto en despertar

luego sedo
y me dejo acariciar de mí,
de mi espíritu femenil.

Excitada de mí misma estoy,
somos una,
unísonos quejidos,
la misma,
soy yo, solo yo,
tú,
mujer lasciva.

Sobre mí estoy;
sobre mis tetas sin pudor
mi lengua
que saborea su delicadeza,
mi delicadeza.

Me toco, la toco
Y regreso a mirarme, a mirarla,
mientras me recibo en mi sexo, en su sexo;
mientras se unge con su poder femenino
en una fricción de labios humedecidos.

Tensión de muslos
cuestión de segundos;
clítoris encendido
inconsciente dormido;
palpitante estar
orgásmico despertar.

EN EL RECUERDO

Conducida al vértigo de tus besos,
a ese fresco aroma adherido
a un vivo placer,
que me excitaba, me sedaba y profundizaba
en cada enfoque sensual de mi alma.

Inmersa me hallaba entre tus sábanas,
rodeada de la fogosidad carnal
de tus ansias,
que embriagaba y descontrolaba mis ganas.

En el recuerdo me escucho
gimiendo por tus placeres ahogados
en mi sexo,
recorriendo tu lengua las zonas erógenas
de mi cuerpo;

En el recuerdo veo mi cabello envuelto
en el fervor más profundo de mi silencio,
extasiada por la fuerte erupción
de fluidos inmersos.

Y en lo tibio de mi pensamiento,
lujuriosa me encuentro,
evocando un orgasmo que desvaneció
en el momento
pero que permanece en el recuerdo.

ADORO

Adoro
cada parte
de tu desnudo ser.

Adoro
tenerlo en el punto
de su agonizante placer.

IMPÚDICO DESEO

No me toques
con amor
para enamorarme.

Tócame
con pasión
para excitarme.

ENAMORADA

Enamorada estoy
del sexo,
de la lujuria
que invade mis pensamientos.

Enamorada estoy
de la idea
de tenerte
entre mis movimientos.

PALABRAS

Dulce melodía de tu presencia
que me ensordece de placer.

La nota de tus palabras me atrae.

Susúrrame en el silencio de tu adiós,
de tu olvido.

Suave
era el fragmento de tu aliento
cuando se esparcía a mis sentidos.

LUJURIOSA Y DEPRESIVA

¡Levanta mis piernas!

Cúbreme de melancolía,
éxtasis de muerte.

Estalla desbordante
en un sonido delirante.

Besa el placer
al poco deseo de amanecer.

y recorre con tu lengua
mis pechos de miel.

FLOR

De mi arrugado corazón
sale una flor,
entre torbellinos
de amantes inertes,
sedientos todos
del vino de mi boca,
sedientos todos
del vino de mi sangre.
De la sangre
que riega el dolor
y que limpia el amor.

CONTRA EL RELOJ

En mi expresión ausente,
invadida por un sentimiento revolucionario,
¡te pido!:

"Dispara contra el reloj y detén el tiempo"

Para quedarnos en un eterno retorno
en la abrupta cumbre de tus besos.

DEBAJO DE TUS DEDOS

Abriga el umbral de mi sexo
con lo dulce de tus besos.
Quema tus deseos en mi cuerpo
y expresa en él
un mundo excitante debajo de tus dedos.

Desviste sin pudor
mis contorciones audaces
y retrocede un poco...
si vas a enamorarte.

INCIPIENTES

En el dulce candor
de nuestros cuerpos vírgenes
descargamos con fulgor esa curiosidad
que se nos había despertado entre los dos,
elevándonos a través de la resonancia
de un quejido,
hacia el mundo excitante de los fluidos.

Y en el ligero suspiro de nuestro pudor
ahogamos la composición armoniosa
de la pasión,
atravesando a través del corazón,
en las ondas enfermizas del amor.

DE TU DESNUDEZ

Provoca en mis sentidos
la agitación acongojante de tu desnudez,
y dilata mis expectativas
al estimular más allá
de mi racionalidad física.

Acaricia mi ego
y hazme recordar el color
de un orgasmo eterno,
llenando de picardía
cada sublime encuentro.

PARTIDA

Y en aquel momento
me encontraba placida,
imponiendo en mí
una reverencia a la presencia augusta
de mi madre.

No quería irme de aquel lugar
de exhortaciones amorosas,
de jadeos apasionados.

Tajantemente me disponía partir
y dejarte ahí,
solo con los recuerdos.

MORBO SER

Solo dijo que quería hacerme el amor;
me encantaron sus impúdicos deseos
su forma necia a la hora de tocarme.
Es de los que aniquilan de placer
con su morbo ser.

De sus labios no nace un beso
fuera de obscenos pensamientos
y nuestros cuerpos
están siempre al descubierto,
sintiéndonos existentes
por medio del deseo.

Majestuoso el momento
en el que se rompe el silencio,
el instante en el que todas las palabras
las expreso en gemidos.

Me hace hallar la orilla del abismo
al estallido de amor
que arrasa con ira una sinfonía de canticos,
alcanzando el clímax dentro del capullo
¡Botón de la flor que derrama
de un golpe la pasión!

DETRÁS DE LA PUERTA MARRÓN

Sin palabras me atrajo
a estar de oídos sórdidos al clamor
detrás de la puerta marrón,
a estar allende al escándalo
transeúnte de la ciudad,
al bullicio confuso de afuera
de la habitación,
y a quedar sin tiempo
ensordecidos al fragor
de un abrazo desnudo,
que llena el encierro
y la nada
con mis intensos gemidos.

Incitando a quedarnos cuerpo a cuerpo
clavados y encueros,
cubiertos de manchas carmesíes
que brotaron del corazón
cuando estalló de emoción.

Acarició cada pedazo de mi piel,
que hecha hiel, endulzó su centro;
que hecha labios, apresó su cuerpo.
Unión melosa, amor sexual
exhortado a limpiar paradójicamente
las hipócritas apariencias,
las hipócritas contingencias.

DELIRANTE PELVIS

Entre-abiertos mis ojos,
abierta mi boca,
abierta mi blusa,
abiertas mis piernas
y tus dedos en medio de ellas.

Dedos que mientras exploran,
descubren ese lugar especial
que enciende un fuego viviente
de energía pasional,
que enciende una fuente
de fluidos ardientes.

Dedos que mientas hurgan
por zonas sucesivas,
excitan todo el potencial erótico de mi
cuerpo,
llevándome a un ligero ritmo
de caderas hacia arriba,
a exquisitos movimientos circulares
de mi pelvis delirante.

Dedos rápidos y agiles,
que mientras bailan de forma específica,
logran abrirme al éxtasis,
a una felicidad intensa y serena,
a un sosiego de placeres etéreos.

CONSUMACIÓN INTENSA

Ahora que siento calor en todo mi cuerpo.
Ahora que mi vagina ardiente
se mueve al rítmico vaivén.

¡Ahora!...
penetra con tu virilidad presente
y hagamos de nuestra consumación
música de la pasión.

Hermanémonos en una orgía de gemidos,
en una orgía de movimientos acordes
con el ritmo de nuestros suspiros.

¡Unge ahora!...
Aumenta la presión ahora.
Conjuremos los sonidos,
compaginemos lo vivido.

¡Acelera!... ¡Acaba!
Que fogosa está mi alma
y estreméceme ahora...

Ahora que estoy rebosante de deseo,
estreméceme con el estado
último de tu sexo. ¡Salte!
Déjame sentir tu recorrido en mí
y derrama tu semen caliente
sobre mi vientre
impaciente.

EN MIS MANOS ESTAS

Tengo tantas ganas de hacerte el amor
que mi cuerpo despierta imaginándote
cerca,
evocando tu aliento desnudo,
encarnando tu miembro fornido.

Tengo tantas ganas de hacerte el amor
que las veces que duermo desnuda
me siento indecorosa,
con un ansia casi depravada
con mi almohada,
colmada de un vivo placer
de impudorosos recuerdos.

Tengo tantas ganas de hacerte el amor
que mi cuerpo despierta imaginándote
cerca,
queriéndote entre mis sabanas
y rodeada de mis pretensiones apasionadas.

¡Cubierta! como si se tratara de tus brazos,
¡envuelta! como si se tratara de tus manos.
Tengo tantas ganas de hacerte el amor,
que en la soledad de mis manos
tú estás.

ÍNDICE